Ernst Eck

Die Verpflichtung des Verkäufers zur Gewährung des Eigentums

Nach römischen und gemeinem deutschen Recht

Ernst Eck

Die Verpflichtung des Verkäufers zur Gewährung des Eigentums
Nach römischen und gemeinem deutschen Recht

ISBN/EAN: 9783743612792

Hergestellt in Europa, USA, Kanada, Australien, Japan

Cover: Foto ©Suzi / pixelio.de

Manufactured and distributed by brebook publishing software (www.brebook.com)

Ernst Eck

Die Verpflichtung des Verkäufers zur Gewährung des Eigentums

Die Verpflichtung des Verkäufers

zur Gewährung des Eigenthums

nach

Römischem und gemeinem Deutschen Recht.

Festschrift

im Auftrage der Juristen-Fakultät Halle-Wittenberg

verfasst

von

Dr. Ernst Eck.

Halle,
Verlag der Buchhandlung des Waisenhauses.

Die

Verpflichtung des Verkäufers

zur Gewährung des Eigenthums

nach

Römischem und gemeinem Deutschen Recht.

Festschrift

im Auftrage der Juristen-Fakultät Halle-Wittenberg

verfasst

von

Dr. Ernst Eck.

Halle,
Verlag der Buchhandlung des Waisenhauses.
1874.

Ihrem hochverehrten Collegen,

Herrn Karl Witte,

Doktor der Rechte und der Philosophie,
Geheimem Justizrathe und ordentlichem Professor der Rechte,
Ordinarius der Juristen-Fakultät,
Ritter hoher und höchster Orden
u. s. w.

zu seinem sechszigjährigen Jubiläum

als Doctor der Philosophie

am 10. April 1874

gewidmet

von den Mitgliedern der Juristen-Fakultät
an der Universität Halle-Wittenberg,

Anschütz. Fitting. Meier. Dochow. Eck.

EINLEITUNG.

Nach der fast allgemein angenommenen Meinung ist der Verkäufer im gemeinen Deutschen Recht dem Käufer nur zur „Ueberlieferung der Kaufsache"[1], nicht aber zur Eigenthumsverschaffung, verpflichtet, oder — wie andre es ausdrücken — nur das faktische, nicht das rechtliche Haben der Sache zu gewähren schuldig.[2] Ja, nach manchen sah das Römische Recht die Verbindlichkeit, den Käufer schlechterdings zum Eigenthümer zu machen, als etwas dem Kaufkontrakt so Fremdartiges an, dass es, wenn die Parteien solches verabredet hatten, ein ganz andres Geschäft für gemeint erklärte.[3]

Die Prüfung und, wie ich hoffe, Berichtigung dieser Ansicht wird den Inhalt der nachfolgenden Blätter bilden. Zur Lösung dieser Aufgabe muss aber zunächst von der Gewährspflicht des Verkäufers, welche mit der Mancipation verbunden war, sodann von der durch die stipulatio pro evictione und endlich von der durch den Consensualkontrakt des Kaufs begründeten Haftung gehandelt werden.

---

1) Vgl. statt aller Arndts Lehrb. §. 302. Puchta Pand. §. 361. 362. Aehnlich Brinz Lehrb. §. 113.

2) Windscheid Lehrb. II. §. 389. Aehnlich Bekker in seinem Jahrb. VI. S. 284: Der Kauf soll „dem Erwerber ein gewisses Quantum nicht sowohl von Recht, sondern von thatsächlichen Vortheilen schaffen."

3) C. F. Koch. Recht der Forderungen. III. §. 321. (2. Ausg. S. 740. Vergl. Unterholzner Schuldverhältnisse. II. S. 294.

§. 1. Die Gewährspflicht des Verkäufers bei der Mancipation.

Die älteste uns bekannte Gestalt des Römischen Kaufvertrages ist die mancipatio. Diese ist auf Erwerb des Eigenthums an der mancipirten Sache gerichtet. Folglich ist auch der Kauf nach seiner ursprünglichen Grundidee Eigenthumserwerb.[1] Es steht auch fest, dass der Verkäufer dem Käufer mit der actio auctoritatis auf Gewährleistung haftete. Dagegen sind die genaueren Bestimmungen über diese Klage höchst bestritten.

Hier ist zunächst von Erheblichkeit die Frage, ob die Haftung des Verkäufers als auctor aus der Mancipation als solcher entsprang[2], oder durch eine ausdrückliche Erklärung (nuncupatio) begründet werden musste.[3]

Ich stehe nicht an, der letzteren Meinung beizutreten.

---

1) In diesem Satze werden wohl alle die verschiedenen Auffassungen der Mancipation zusammentreffen, gleichviel wie dieselbe im übrigen jeder einzelnen erscheinen mag, ob insbesondere als die Vollziehung eines Kaufgeschäfts (Bekker) oder als die civilistische Perfektion und imago eines solchen (Leist), oder als ein Akt der Uebertragung des Eigenthums nach dem Vorbild eines Kaufs (Puchta). Auch Ihering hält zwar die Worte der Mancipationsformel: eaque mihi emta est hoc aere u. s. w. für einen spätern, durch die gesetzliche Suspension des Eigenthumsübergangs bei Creditkäufen veranlassten Zusatz (Geist II, 2 §. 46 2. Aufl. S. 525); aber er wird diese Hypothese nicht dahin durchführen wollen, dass vordem die Mancipationsformel gar keine Erwähnung des Kaufs oder sonstigen Causalmoments enthalten habe. Denn nach seiner eignen Darstellung (Geist III, 1. §. 55, 2. Aufl. S. 206) ist die Anknüpfung an dieses letztere bei der Eigenthumsübertragung das ursprüngliche, und stellt die Losreissung davon bereits ein höheres Stadium der Entwicklung dar.

2) So die Meisten z. B. Huschke Nexum S. 171. K. O. Müller, Lehre von der Eviktion S. 15. Degenkolb Zeitschr. f. Rechtsgesch. IX. S. 158. Krüger Krit. Versuche S. 55. Bekker Aktionen I. S. 32.

3) Rudorff Zeitschr. f. Rechtsgesch. XI. S. 88. 97. Karlowa Röm. Civilprocess z. Zeit der legis actiones S. 75.

Aus der Grundidee der Mancipation als einer Eigenthumserwerbung mittelst Kaufs lässt sich offenbar eine Gewährleistungspflicht des Mancipanten noch nicht ohne weiteres folgern. Jene Grundidee führt nur zu dem Satz, dass der Verkäufer sein Recht an den Käufer verliert; ob aber ersterer wirklich ein Recht an der Sache hatte, das kann ein strenges Recht dem Käufer vor der Mancipation zu prüfen, zumuthen. Ebenso wenig beweisen die oft citirten Stellen aus Paulus und aus Plautus[1], welche den Verkäufer aus der Mancipation für haftbar erklären: denn sie gehn dabei auf die einzelnen Voraussetzungen dieser Haftung durchaus nicht ein.[2] Andererseits spricht gegen die Selbstverständlichkeit der Haftung des Mancipanten der von Ihering so überzeugend dargelegte Satz, dass kein Akt des älteren Rechts zugleich dingliche und obligatorische Wirkung hervorbrachte.[3] Mit diesem Satze ist die Auktoritätspflicht des Verkäufers als „eine stillschweigende Folge der Mancipation" (Huschke) um so weniger vereinbar, als in der Rede des Käufers nicht einmal eine Bezugnahme auf die Person des Mancipanten (etwa mihi emta est de te oder dergl.) als des haftbaren Auktors vorkommt. Ihering hält demgegenüber die Selbstverständlichkeit dieser Haftung nur dadurch aufrecht, dass er die actio auctoritatis als eine qualifizirte Diebstahlsklage auffasst.[4] Aber dagegen ist schon von Andern einge-

---

[1] Paul. S. R. II. 17 §. 3. Res emta mancipatione et traditione perfecta si evincatur, auctoritatis venditor duplo tenus obligatur. Plaut. Curc. IV, 2 v. 8 Egone ab lenone quicquam Mancipio accipiam, quibus sui nihil est nisi una lingua, Qui abiurant si quid creditum est? Id. Pers. IV. 3. v. 55. Ac suo periculo is emat qui cum mercabitur. Mancipio neque promittet neque quisquam dabit. Huschke S. 171.

[2] So z. B. lässt selbst Paulus a. a. O. die zur Entstehung der actio auctoritatis erforderliche Preiszahlung unerwähnt.

[3] Ihering Geist III. §. 53. S. 140.

[4] Geist II §. 46 S. 528 Anm. 716. u. III §. 53 S. 139.

wendet worden, dass diese Klage keinen dolus des Verkäufers voraussetzt und keine entehrende Wirkung hat[1]; sie wird auch von den Juristen nirgend auf ein Delikt zurückgeführt, wohl aber öfter mit einem Versprechen in Zusammenhang gebracht, (auctoritatem contrahere, promittere u. s. w.). Mithin kann die actio auctoritatis doch nur aus einem solchen abgeleitet werden. Endlich bezeugt auch Cicero, wie bekannt, (de off. III, 16, 65) dass

ex duodecim tabulis satis (erat) ea praestari quae essent lingua nuncupata, etc.

Darnach erscheint die Nothwendigkeit einer ausdrücklichen Festsetzung der auctoritas unabweisbar.

Es entsteht nun die weitere Frage nach der Person dessen, welcher diese Festsetzung auszusprechen hatte.

Im allgemeinen hatte, wie Ihering mit Recht hervorhebt[2], wie bei der Stipulation, so auch bei der Mancipation derjenige Theil, dessen Interesse das Geschäft bezweckt, die getroffenen Verabredungen zu publiciren. „Dass der Mancipant, wie bei der Stipulation auf die Rede des Andern habe antworten **müssen**, wird mit Ausnahme des Testaments nirgends erwähnt, und bei der gewöhnlichen Mancipation werden wir es schwerlich annehmen dürfen." Aber damit bleibt immerhin die **Möglichkeit** einer nuncupatio des Veräusserers ebenso, wie sie bei der in iure cessio stattfand[3], auch bei der mancipatio sehr wohl vereinbar, und in der That giebt es für sie mehrfache Beweisgründe.

Sowohl Cicero[4] als Varro[5] erwähnen Erklärungen

---

1) Leist Mancipation S. 128. Rudorff a. a. O. S. 88.
2) Geist II §. 46 S. 532.
3) Gaius II. 24 quo negante aut tacente.
4) Cic. de orat. l. 39. Cum M. Marius Gratidianus aedes Oratae vendidisset neque servire quandam earum aedium partem in mancipii lege disisset etc. Vgl. de off. III, 16, 67. Ferner pro Mur. II, 3 wo das se nexu obligare des Mancipanten mit dem consulem declarare des abgehenden Consuls verglichen wird.
5) Varro d. L. L. VI, 74. Consuetudo erat, quom reus esset parum idoneus inceptis rebus, ut pro se alium daret. A quo caveri postea

des Mancipanten als Bestandtheil der lex mancipii. Bei dem Mancipationstestament bezeichnet Gaius die Rede des Mancipanten ausdrücklich als nuncupatio[1], was er — mochte der Inhalt derselben auch noch so anomal sein (Ihering II S. 532. 533) — doch kaum gethan haben würde, wenn dieser Ausdruck sonst für die Rede des Erwerbers technisch gewesen wäre.[2] Ausserdem sind solche Zusätze, welche Obligationen des Mancipanten betreffen, doch offenbar theils der Erklärung des Eigenthumserwerbs zu ungleichartig, theils zu verwickelt, um in diese verflochten zu werden.[3] Wir werden also annehmen müssen, dass der Mancipant, um als auctor haftbar zu werden, diess seinerseits in einer besondern Zusage[4], allenfalls unter abkürzender Bezugnahme auf ein instrumentum auctoritatis[5], zu erklären hatte. Nur das ist zu bezweifeln, dass man diese Zusage technisch als lex mancipationis bezeichnet haben sollte.[6] Genau

---

lege coeptum est ab his, qui praedia venderent, vades ne darent; ab eo scribi coeptum in lege mancipiorum: vadem ne poscerent nec dabitur. Vgl. Karlowa a. a. O. S. 76. Auch l. 126 D. d. V. S., die ursprünglich gewiss von einer Mancipation redete (datio fundi durch dessen dominus) erwähnt ein legem dicere des Mancipanten.

1) Gai. II, 104.

2) Auf eine nuncupatio bezieht Rudorff Zeitschr. f. gesch. R. W. XIV S. 434 auch die oben Anm. 7 angeführten Worte bei Plautus: mancipio neque promittet u. s. w. Aber diese bedeuten ein Versprechen, zu Eigenthum zu geben. So schon vor Rudorff Th. Mommsen ad legem de scribis etc. et de auctoritate Kiliae 1843 p. 15 und Huschke S. 172. Ebenso Demelius Zeitschr. f. RG. II S. 185 und neuestens Rudorff selber, ebenda XI S. 94.

3) Vgl. Huschke S. 194.

4) Th. Mommsen l. c. p. 13. 14 sagt geradezu: Cum in formula mancipationis, quae exstat, mancipio dans neque lingua quicquam nuncupet neque omnino verbum faciat, mancipio accipientis verba sola superesse suspicor, interiisse vero ea verba, quibus mancipio dans nexu se obligabat ut ait Cicero pro Mur. II, 3.

5) Huschke a. a. O. Anm. 304.

6) Wie Karlowa a. a. O. annimmt.

genommen hat dieser Ausdruck[1] doch nur die Bedeutung einer an eine Veräusserung angeschlossenen Massgabe sei es in Bezug auf die Sache selbst, sei es hinsichtlich einer Obliegenheit des Empfängers.[2] Daher ist zwar jede in feierlicher Rede erklärte lex mancipationis als nuncupatio, aber nicht jede nuncupatio als lex zu bezeichnen. Fasst man auf diese Weise die auctoritas als Gegenstand einer besondern Zusage des Verkäufers, so erklärt sich auch der in Bezug auf sie herrschende Sprachgebrauch. Auctoritas erscheint überall als eine vom Verkäufer übernommene Last. Der Käufer stipulirt auctoritatem (Vat. fr. 10), sie wird promittirt, (Seneca nat. quaest. IV, 3 §. 2), beide Parteien contrahiren sie (Paul. S. R. V. 10)[3]; eine Urkunde über die Vertragsrechte des Käufers heisst instrumentum auctoritatis (l. 42 pr. D. de pign. act. 13. 7) oder auctoritatis tabellae (Seneca controv. III, 21), ja auctoritas wird geradezu mit actio pro evictione indentifizirt (l. 76 D. de evict. 21. 2).[4]

---

1) Vgl. Ihering Jahrb. f. Dogm. X S. 549 ff. A. Pernice M. Antist. Labeo S. 473 ff. Nur das kann Ihering nicht zugegeben werden, dass man bei der Mancipation vom Käufer gesprochene Worte als lex rei suae dicta des Mancipanten betrachtet habe. Es wäre auffallend, wenn die lex formell einen andern Urheber gehabt hätte, als materiell. Vielmehr wird die Erklärung des Käufers als lex dationi pecuniae dicta zu verstehen sein.

2) Vgl. l. 6 pr. D. comm. praed. 8. 4. mit l. 34. 35 D. de S. P. U. 8, 2. l. 169 D. d. V. S. 50. 16.

3) Die Versuche zwischen der Ueberschrift und dem Inhalt dieses Titels bei Paulus einen Zusammenhang zu ermitteln (Huschke Nexum S. 206 Anm. 324. Mommsen l. c. p. 10. Rudorff Zschr. f. g. RW. XIV S. 433) müssen doch wohl aufgegeben werden. Vgl. Huschke Jurispr. antejust. ad h. l.

4) Es mag sein, dass in manchen dieser Stellen mit auctoritas die Haftung aus der späteren Eviktionsstipulation gemeint ist. Aber auch dann zeigt die darin liegende Uebertragung des Ausdrucks, dass man auch bei der Mancipation ein Versprechen als Grundlage der Haftung zu denken gewohnt war.

Erwägt man nun, dass das Wort auctoritas seinem ursprünglichen Sinne nach jedenfalls „Mehrung", „Bekräftigung", insbesondere einer ersten Willenserklärung durch eine sekundäre[1], bedeutet, so liegt die Annahme nahe, dass die hier in Rede stehende Anwendung des Worts gerade in einer dem Erwerbsakt des Käufers hinzutretenden Gewährszusage des Verkäufers ihren Ursprung habe. Ganz anders freilich fasst Brinz[2] die auctoritas des Verkäufers auf. Er nimmt in der Stelle bei Paulus (II. 17 §. 3, vgl. oben Anm. 7) die Worte auctoritatis venditor als zusammengehörig und versteht darnach die auctoritas als ein Recht, in dem Process um die Sache als deren Eigenthümer streitend aufzutreten. Nach ihm haftete also der Mancipant im Eviktionsfalle desswegen, weil er auctoritas zu übertragen versprochen und doch nicht übertragen hat. Aber in dem vorhergehenden §. 1[3] braucht Paulus selbst die Ausdrücke venditor und auctoritas getrennt und zwar ersteren schlechtweg im Sinne von „Mancipant", während er auctoritatis (sc. actioni) mit obnoxius verbindet. Ebenderselbe Sprachgebrauch ist nun auch in §. 3 um so mehr anzunehmen, als hier der venditor bereits durch die voraufgegangenen Worte mancipatione perfecta als Mancipant gekennzeichnet, und also der erklärende Zusatz auctoritatis venditor überflüssig war. Ausserdem heisst es doch gerade von demjenigen Käufer, der eine res aliena erhalten hat, er habe ein Recht der auctoritas, während die auctoritas im Brinz'schen Sinne ihm fehlt. Man wird also bei der Auffassung der auctoritas als einem Haftungsversprechen des Verkäufers stehen bleiben dürfen.

---

1) Th. Mommsen Röm. Forschungen S. 246.
2) Lehrb. §. 113 S. 488.
3) Venditor si eius rei, quam vendiderit, dominus non sit, pretio accepto auctoritatis manebit obnoxius.

Der nähere Inhalt des Haftungsversprechens ist natürlich nicht festzustellen. Der Absicht des Mancipationsgeschäfts würde am genauesten eine Gewährleistung des Eigenthums entsprechen, und desswegen nahm Cuiacius [1] wirklich eine cautio se dominum esse an. Aber quellenmässig bezeugt ist uns doch nur eine Haftung des Mancipanten wegen Eviktion [2], vielleicht sogar nur wegen einer solchen, die auf Grund des ihm mangelnden dominium stattgefunden hatte [3], und ferner das Vorhandensein einer Prozessform für die Betheiligung des Mancipanten bei dem gegen den Käufer erhobenen Vindikationsstreit [4], so wie der Ausdruck defugere auctoritatem [5] für die Umgehung dieser Betheiligung. Desshalb kann auch ein weitergehender Inhalt des Gewährleistungsversprechens nicht angenommen werden. Nur eine Vermuthung ist es, dass der Mancipant sich in der nuncupatio geradezu anheischig gemacht habe, im Falle eines Eviktionsprocesses vor Gericht zu erscheinen, dem Käufer beizustehn und das periculum iudicii zu übernehmen. [6] Uebrigens vereinigte sich die Beschränkung der auctoritatis obligatio auf den Eintritt der Eviktion mit der auf Uebereignung gerichteten Absicht der Mancipation sehr wohl durch den Gedanken, dass der Mangel des vom Mancipanten angeblich übertragenen Eigenthums eben nicht eher fest-

---

1) Observ. XXI, c. 15.
2) Paul S. R. II. 17 §. 3.
3) Vgl. Paul. a. a. O. §. 1. Venditor si . . rei . . dominus non sit . . .
4) Val. Prob: Quando in iure te conspicio postulo an fuas auctor. Das handschriftliche far oder fas wird unbedenklich besser nach Th. Mommsen in fuas als in fias (Leist Mancipation S. 128) umgeändert. Ueber die Sache selbst vgl. Rudorff Zschr. f. g. RW. XIV S. 432 und Karlowa a. a. O. S. 75.
5) Vgl. die von Brissonius de V. S. s. v. defugere gesammelten Stellen: l. 85 §. 5 l. 139 D. d. V. O. 45. 1. l. 39 §. 5 D. de evict. 21. 2 Plaut. Poen. I, 1 v. 17. Terent. Eun. II, 3 v. 98. Cic. pro Sull. XI, 33.
6) Karlowa a. a. O. S. 75.

gestellt erschien, als bis ein Dritter die Sache auf dem Rechtswege erstritten hatte.

Die Summe, auf welche die actio auctoritatis gieng[1], belief sich bekanntlich duplo tenus d. i. auf das doppelte des bezahlten Kaufgeldes. Wer die Haftung des Verkäufers unmittelbar aus dem Gesetz entspringen lässt, wird diesen Betrag für unabänderlich erklären müssen.[2] Aber die neu entdeckte spanische Fiduciartafel zeigt, dass die obligatio auctoritatis von vornherein ausgeschlossen werden konnte[3], was bei einer Deliktshaftung sicherlich nicht zulässig gewesen sein würde. Führt man aus diesem Grunde um so mehr die auctoritas auf ein besondres Versprechen zurück, so kann man von da aus schliessen, dass wenn ein Totalerlass möglich war, es auch freigestanden haben mag, die obligatio auf das simplum zu beschränken. Dagegen folgt die Befugniss zur Erhöhung des Betrages daraus noch keineswegs, und ein Rückschluss[4] aus der stipulatio pro evictione und deren Fähigkeit, das Ein- bis Vierfache zu umfassen, ist weder in der einen noch in der andern Beziehung statthaft.

Abweichend hat bekanntlich Huschke[5] angenommen, dass die actio auctoritatis an sich nur auf das Einfache, und erst gegen den Läugnenden auf das Doppelte gegangen sei. Zum Beweise bezieht er sich auf l. 60 D. de evict. 21. 2.

---

1) Ob auch die nuncupatio selbst auf eine bestimmte Summe gerichtet oder allgemeineren Inhalts war, und daher, wie Rudorff Zchr. f. RG. XI S. 88 annimmt, das duplum eine poena infitiationis d. h. der unwahren Versicherung, bildete, muss dahin gestellt bleiben.

2) So in der That Ihering Geist III § 53 Anm. 172. Aber wenn derselbe sagt, dass das Doppelte als nothwendige, unabänderliche Folge der Eviktion bezeichnet werde, so gestehe ich, nicht zu wissen, welche Stelle er dabei im Sinne hat.

3) Degenkolb Zeitschr. f. RG. IX. S. 163. 169.

4) Huschke Nexum S. 189 wegen l. 56 pr. D. de evict. 21. 2.

5) Ebenda S. 188. Zustimmend K. O. Müller Eviktion S. 23.

Si in venditione dictum non sit quantum venditorem pro evictione praestare oporteat, nihil venditor praestabit praeter simplam evictionis nomine et ex natura ex empto actionis hoc quod interest;
worin mit der Klage auf die simpla die actio auctoritatis, und nicht die actio ex stipulatu gemeint gewesen sein müsse, da ja eben vorausgesetzt werde, dass wegen der Eviktionsleistung nichts ausgemacht sei. Aber in Wahrheit wird ja nur vorausgesetzt, dass dictum non est, quantum praestare oporteat. Dagegen steht der Annahme einer allgemein gehaltenen stipulatio habere licere nicht das mindeste entgegen, und es liegt daher am nächsten, eine solche als Grundlage der Klage auf die simpla zu denken.[1] Im übrigen ist die Einreihung der actio auctoritatis unter die Litiscrescenzfälle, bei deren Aufzählung Paulus (S. R. I. 19 §. 1) sie neben der actio de modo agri doch schwerlich übergangen haben würde, wie mir scheint, durch Rudorff[2] genügend widerlegt.

Der Mancipation pflegte zur Sicherung des Käufers hinzugefügt zu werden die satisdatio secundum mancipium von Seiten des Verkäufers. Der Gegenstand dieser satisdatio war, soviel die vereinzelten Nachrichten erkennen lassen, die Auktoritätspflicht des Verkäufers. Darauf deutet die Vulgärbezeichnung des fideiussor ob evictionem als auctor secundus[3]; darauf die noch in der klassischen Zeit unter den Laien verbreitete Meinung[4], eine solche Bürgenstellung sei ein naturale des Kaufvertrages überhaupt; darauf auch die unlängst aufgefundene Siebenbürger Kaufurkunde vom

---

1) Beispiele einer actio ex stipulatu auf die simpla s. in l. 11 §. 1 l. 27 l. 37 §. 2 D. de evict. 21. 2. Vgl. auch den Schluss der spanischen Fiduciartafel; u. Plaut. Curc. V, 2 v. 67: bei Demelius Zeitschr. f. RG. II S. 187. Irrig erklärt die l. 60 D. de evict. m. E. Rudorff Zschr. f. g. RW. XIV S. 446.
2) Zschr. f. g. RW. XIV S. 444 ff.
3) l. 4 pr. D. de evict. 21. 2.
4) l. 4 pr. cit. l. 37 pr. l. 56 pr. D. eod.

Jahre 142 p. Chr.[1], in welcher die Mancipation durch promissio duplae auf den Eviktionsfall und diese wieder durch eine fideiussio verstärkt erscheint. Dagegen ist es sehr zweifelhaft, ob auch die gewöhnlich auf die satisdatio secundum mancipium bezogene Stelle bei Varro de L. L. VI. 74[2] hierher gehört. Denn diese bezieht sich doch auf eine erst nach Beginn des Eviktionsprocesses (inceptis rebus[3], erfolgende Bürgenstellung, (wie denn auch Varro unmittelbar vorher gesagt hat: vas appellatus qui pro altero vadimonium promittebat), und redet von einer Vertragsklausel, dass der Verkäufer zu einer solchen künftig nicht verpflichtet sein solle; wogegen die satisdatio secundum mancipium sowohl in der spanischen Fiduciartafel, als in der erwähnten Siebenbürger Verkaufsurkunde in unmittelbarer Verbindung mit der Mancipation selbst auftritt.

Endlich die zur satisdatio secundum mancipium vorauszusetzende Hauptobligation des Verkäufers kann wiederum nicht wohl in einer gesetzlichen Pflicht, sondern nur in einem besondern Versprechen gesucht werden.[4] In dem Siebenbürger Kaufbrief von 142 erscheint ein Stipulationsversprechen („fide promissio", sonst meist „repromissio") des Verkäufers, an welches sich die Bürgschaftsleistung anschliesst. Indessen muss diese repromissio selber jüngeren Ursprungs sein, als die satisdatio secundum mancipium, weil nach dem

---

1) Arndts in der Krit. Ueberschau VI S. 84. 85. Bruns, fontes iur. Rom. ed. II. p. 137.
2) Degenkolb Zschr. f. RG. IX S. 155. Rudorff ebendas. XI S. 95. Den Text s. oben in Anm. 15.
3) Gewiss unrichtig übersetzt Rudorff a. a. O. die Worte quom reus parum esset idoneus inceptis rebus dahin: der Hauptschuldner, wenn er sich dem Unternehmen nicht gewachsen fühlte. Vgl. dawider Huschke Nexum S. 196 und Rudorff selbst Zschr. f. g. RW. XIV S. 442.
4) Vgl. Degenkolb a. a. O. S. 407. 408 und besonders l. 5 §. 2 D. d. V. O. 45. 1. Satis acceptio est stipulatio, quae ita obligat promissorem ut adpromissores quoque ab eo accipiantur.

Zeugniss der Fiduciartafel die Fassung der ersteren derjenigen der letzteren nachgebildet war.[1] Folglich bleibt nur übrig, das ältere Muster der satisdatio in der oben wiederholt vorausgesetzten nuncupatio zu erblicken. Freilich bleiben demgegenüber zwei Bedenken. Erstens: die bekannten ältesten Verbürgungsformen (sponsio, fidepromissio) setzen eine Verbal-Obligation voraus[2]; es fragt sich, ob die Nuncupation als solche gelten kann? Die Bejahung dieser Frage liegt entschieden näher als die Verneinung, theils wegen der Zwölftafelvorschrift uti lingua nuncupassit, theils mit Rücksicht darauf, dass Gaius ja auch einseitige dictiones unter den obligationes, quae verbis fiunt aufgezählt hat.[3] Ueberdiess aber ist auch die Annahme andrer Bürgschaftsarten, die von der Voraussetzung einer Verbal-Obligation frei waren, keineswegs ausgeschlossen.[4]

Das zweite Bedenken erweckt die Frage, warum, wenn eine nuncupatio der satisdatio secundum mancipium voraufzugehn pflegte, die spätere repromissio nicht jener ersteren, sondern dieser letzteren nachgebildet wurde? Darauf hat schon Karlowa[5] völlig befriedigend geantwortet: „weil die letztere ebenfalls eine Stipulation war, und jene erstere nicht." Vielleicht stand die Fassung der nuncupatio in so engem Zusammenhang mit dem Mancipations-Ritus, dass sie darum zum Vorbild der Stipulation weniger geeignet war.

Schliesslich bleibt noch zu erörtern, ob die nuncupatio und die satisdatio s. m. als naturalia der Mancipation zu den Obliegenheiten des mancipirenden Verkäufers gehörten, oder ob sie eine im einzelnen

---

1) Vgl. den Text bei Bruns a. a. O. S. 132: neve ut in ea verba quae in verba satis s. m. dari solet repromitteret etc. und dazu Degenkolb S. 157 ff. aber auch S. 407.
2) Gai. III, 119.
3) Gai. epit. II. 9 §§. 3. 4.
4) Man denke nur an die Prädiatur. Degenkolb S. 159.
5) Röm. Civilprozess S. 77.

Falle auszubedingende Erweiterung seiner Pflichten darstellten. Mannigfache Spuren führen für die klassische Zeit zu der ersteren Annahme. So jene schon oben (Anm. 42) erwähnte Laienmeinung, dass die satisdatio bei jedem Kaufgeschäft verlangt werden könne; sodann die Art und Weise, in der Paulus (S. R. II. 17) die Haftung auf actio auctoritatis wie eine ordentliche Folge der Mancipation erwähnt, ferner der Ausdruck der Fiduciartafel: quae in verba satis s. m. dari solet, endlich der Inhalt eben derselben, insofern der Fiduciargläubiger sich hier besonders ausbedingt, ohne satisdatio und ohne repromissio in verba, quae in verba u. s. w. verkaufen zu dürfen.

Bei dieser Annahme erklärt sich denn auch, dass in der Tafel der Fiduciargläubiger, um bei dem künftigen Verkauf der Sache die actio auctoritatis zu umgehn[1], sich vorbehält, nicht etwa: ohne nuncupatio der Gewährleistung, sondern nummo uno zu mancipiren, (wobei sich freilich der Wegfall der auctoritas von selbst verstand). Jene nuncupatio mochte eben zur klassischen Zeit bei andern („pretio" erfolgenden) Mancipationen zu einem ordentlichen Bestandtheil derselben geworden sein.

Fassen wir das bisher Gesagte zusammen, so besteht das Ergebniss namentlich in den beiden Sätzen, dass die Gewährspflicht des Mancipanten zum Grunde ein ausdrückliches Versprechen hat und ihrem Inhalt nach auf Leistung einer bestimmten Geldsumme im Falle geschehener Eviktion beschränkt ist.

§. 2. Die Haftung des Verkäufers aus der Eviktionsstipulation.

Dem Recht der Mancipation ist nun dasjenige der Eviktionsstipulation offenbar nachgebildet. Wie längst

---

[1] Dass hierin der Zweck der Klausel uti . . mancipio pluris HS. nummo uno invitus ne daret, nicht aber in der Befugniss des Gläubigers zu jedweder Veräusserung der Sache zu suchen sei, haben gegen Degenkolb m. E. Krüger Krit. Versuche S. 52 und Rudorff Zeitschr. f. RG. XI S. 92 dargethan.

angenommen worden ist[1], hat diese sich entwickelt bei den Verkäufen, die ohne mancipatio vollzogen wurden. Das Unterbleiben der letzteren konnte veranlasst sein dadurch, dass ein Contrahent Peregrine war oder die Kaufsache res nec mancipi, deren Mancipation bekanntlich nichtig gewesen wäre (Cic. Top. X, 45); es konnte aber natürlich auch bei Verkäufen von res mancipi inter cives vorkommen. In allen diesen Fällen erwarb der Käufer durch die Tradition kein (quiritarisches) Eigenthum und aus dem Vertrag, so lange der Kauf noch nicht als Consensual-Contrakt anerkannt war, keine Forderung gegen den Verkäufer. Mithin bildete den einzigen Weg, um den Käufer in analoger Weise, wie bei der Mancipation zu sichern, die Stipulation, und es ist daher schon an sich wahrscheinlich, dass man diesen Weg auch zur Erzielung einer Gewährleistungspflicht einschlug. Wir haben aber auch das positive Zeugniss, dass noch zu der Zeit, wo der Kauf unzweifelhaft bereits consensu klagbar war, die Eviktionsstipulation in althergebrachter Fassung (prisca formula) bei Käufen von res nec mancipi[2] und bei solchen Sklavenkäufen, die ohne Mancipation vollzogen wurden, zur Anwendung kam.

[1] Vgl. z. B. Th. Mommsen l. c. (oben Anm. 17) p. 16. Huschke S. 182. 202.

[2] Vgl. die stets wiederkehrende Stipulationsformel (habere recte licere spondes) für Schafe, Ziegen und Schweine bei Varro d. R. R. II, c. 2 §. 6, c. 3 §. 5, c. 4 §. 5. Bei res mancipi c. 5 §. 11, c. 6 §. 3, c. 7 §. 6, c. 8 §. 3 wird diese Stipulation nicht erwähnt. Die Beweiskraft dieser Thatsache wird freilich dadurch abgeschwächt, dass auch beim Kauf von Hunden c. 9 §. 7 es nur heisst: de sanitate et noxa stipulationes fiunt eaedem quae in pecore; ohne dass eine stipulatio habere licere ausdrücklich hervorgehoben würde (s. Degenkolb S. 160 Anm. 92). Aber immerhin folgt aus Varro's Angaben, dass diese Stipulation bei res nec mancipi überwiegend in Gebrauch war. — Wenn Demelius Zschr. RG. II S. 183 Anm. 20 als Zeugen für die stipulatio habere licere schon Cato d. R. R. anführt, so beruht diess auf einem Versehn: gemeint ist Varro.

Varro d. R. R. II, 10 §. 5: In horum (i. e. servorum) emtione solet accedere peculium aut excipi, et stipulatio intercedere, sanum eum esse furtis noxisque solutum; aut si mancipio non datur, dupla promitti, aut, si ita pacti, simpla.

Diese Stelle hat freilich wegen ihres losen Zusammenhangs mit dem Folgenden zu kritischen Bedenken Anlass gegeben.[1] Allein der Text ist, nach der Sprache zu urtheilen, jedenfalls alt und kann also bis auf weiteres als ein Zeugniss für die Anknüpfung der stipulatio duplae an die Verkäufe ohne mancipatio benutzt werden. Damit stimmt denn auch die durch die spanische Fiduciartafel bezeugte Bildung der stipulatio nach dem Muster der satisdatio secundum mancipium sehr wohl überein.

Der Inhalt der Stipulation war nun aber keineswegs von vornherein auf den Fall der Eviktion besonders berechnet oder auch nur ausdrücklich darauf gerichtet, sondern er lautete anfangs ganz allgemein auf habere licere.[2] Diese Worte aber umfassten bei den nicht durch Mancipation zu vollziehenden Käufen die dem Verkäufer obliegende Leistung überhaupt; ihr Gebrauch drückte den Kaufconsens aus[3], und ihre promissio verpflichtete daher ebenso zum tradere, wie zur Gewähr nach geschehener Tradition.[4] Mithin war zunächst die Eviktionsstipulation von einer allgemeinen Kaufstipulation noch nicht verschieden und trat höchstens dann in

---

1) Krüger a. a. O. S. 55. Er hält das Stück von: non omnis apta natio — bis: si ita pacti simpla für ein späteres Einschiebsel. Aber sollte Varro die Vorschriften über den Kaufabschluss gerade bei Sklaven ursprünglich übergangen haben?
2) Vgl. die Stellen in Anm. 54.
3) So schon bei Plautus Epid. III, 4, v. 35. Estne emta mihi haec? - Istis legibus habeas licet.
4) Noch bei Ulpian in l. 11 §. 18 D. de A. E. V. 19, 1 umfasst der Ausdruck habere licere vendidit die gesammte Leistungspflicht des Verkäufers; vgl. l. 80 §. 1 D. d. C. E. 18. 1.

eigenthümlicher Bedeutung hervor, wenn sie der geschehenen Tradition nachfolgte. Erst als der Kauf die Verpflichtung zur Tradition schon durch blossen Consens begründete, ohne eben dadurch den Verkäufer auch schon wegen Eviktion haftbar zu machen[1], mussten sich die beiden Obligationen ex emto und ex stipulatu von einander absondern und genauer entwickeln. Auf den Inhalt und die Bedeutung der ersteren wird im folgenden Paragraphen näher einzugehn sein. Die Gewährleistungsstipulation erfuhr eine weitere Ausbildung in der doppelten Richtung auf die Voraussetzungen und auf das Ziel des Regresses, und zwar in beiden Beziehungen offenbar nach dem Vorbild der auctoritas.

Eine blosse Vermuthung ist es hier wie dort (oben Anm. 34), dass der Verkäufer versprochen habe, im

---

1) Dass es eher eine actio emti auf Tradition, als auf Eviktionsleistung gegeben habe, ist zwar bestritten von Bekker Jahrb. d. gem. R. VI. S. 303, (vgl. auch Müller Eviktion S. 42), muss aber gleichwohl behauptet werden. Dafür vgl. C. Sell in seinen Jahrb. II, 1 §. 4, Salpius Novation S. 226, und neuestens A. Pernice Labeo S. 455. Bei Varro d. R. R. II c. 2 §. 5–6 sondern sich ganz deutlich der Kaufabschluss (cum emtor dixit, tanti sunt mi emtae? et ille respondit: sunt, et expromisit nummos . .) und die Gewährleistungsstipulation (emtor stipulatur prisca formula sic etc.), dann aber folgt: cum id factum est . . . emtor pote ex emto vendito illum damnare, si non tradet — — ut ille emtorem simili iudicio, si non reddit pretium. Vgl. auch noch die Ausdrucksweise Ulpians in l. 11 §. 8 D. de A. E. V. 19. 1: ex emto actionem esse ut habere liceret emtori caveatur et ut tradatur ei possessio, sowie das Rescript des Alexander Severus in l. 6 C. de evict. 8. 45. aus dem der unter den Laien fortdauernde Glaube an die Nothwendigkeit einer besondern Eviktionsstipulation ersichtlich ist. Bekkers völlige Identifizirung der obligatio ad tradendum und ad praestandam evictionem scheitert m. E. an der Möglichkeit eines wirksamen Kaufvertrages ohne Eviktionshaftung. Und wenn der Kauf, wie Bekker annimmt, nur ein Quantum von thatsächlichen Vortheilen gewähren soll, so wird man fragen dürfen, ob es wirklich nur eine „Scheinleistung" war, durch die der Käufer doch immerhin den Besitz erlangt und bis zur Eviktion behalten hat? Gegen Bekker s. auch Windscheid Lehrb. II §. 391 Anm. 32. Für Bekker: Kuntze Cursus d. Instit. I §. 684.

Falle eines Eviktionsprozesses dem Käufer beizustehn, was Cuiacius sogar in die von ihm rekonstruirte Formel mit aufgenommen hat.[1]

Die in Betracht kommenden Stellen scheinen für den Anspruch des Käufers auf defensio gegen den Evincenten eher eine actio emti, als eine actio ex stipulatu im Sinne zu haben.[2] Sicher ist als Inhalt der Stipulation nur das Versprechen, im Falle der Eviktion dem Käufer ein gewisses Vielfaches der Kaufsumme zu erstatten.

Man hat gesagt,[3] eine solche Pönalstipulation sei bei fortschreitender Rechtswissenschaft darum nothwendig geworden, weil die Formel habere licere ihre Obligationswirkung nur auf die eigenen Facta des Promissors und seiner Nachfolger erstreckt habe: arg. l. 38 pr. D. d. V. O. 45, 1. Allein die in dieser Stelle ausgesprochenen Zweifel Ulpians sind nicht nur vereinzelt[4] und theoretisch-spitzfindig, wie solche eben hier und da auch einem römischen Juristen durch den Kopf gehn,[5] sondern sie tauchen auch erst auf, lange nachdem man sich gewöhnt hatte, die Stipulation auf das Doppelte des Kaufpreises zu richten.[6] In Wahrheit war der Grund für diese Aufnahme einer Summe in die Stipulation ein viel näher liegender, nämlich die Schwierigkeit aus der allgemein gefassten stipulatio habere licere nach geschehener Entwehrung eine Klage

---

1) Paratitl. ad tit. Cod. de evict. VIII. 45; (ziemlich ebenso Ger. Noodt comment. ad tit. Dig. de evict. 21. 2:) „tum de ea re agenda adesse, cum tibi heredive denuntiavero, et eam rem recte defendere" etc.
2) L. 74 §. 2 D. de evict. 21. 2 l. 75 D. de proc. 3, 3.
3) Salpius Novation S. 227.
4) Vgl. wider Ulpian l. 83 pr. D. d. V. O. 45. 1. (Paulus) u. Ulpian selbst in l. 50 pr. u. l. 81 D. eod.
5) Man denke nur an l. 8 §. 3 D. de pign. act. 13, 7 (s. Degenkolb a. a. O. S. 146) und an l. 44 D. d. A. R. D. 41, 1. — Vgl. übrigens über l. 38 pr. cit auch Bekker Jahrb. VI. S. 306.
6) Die stipulatio duplae findet sich ja bereits bei Varro, s. oben S. 15.

auf ein höheres Interesse, als das einfache Kaufgeld zu begründen.[1]

Entsprechend dem Umfang der actio auctoritatis wurde die stipulatio regelmässig auf die dupla (nicht sowohl summa, wie Baron[2] ergänzt, als vielmehr pecunia, qua mercatus erat[3]) gestellt. Es ist aber bekannt, dass sie ebensowohl auf den einfachen Betrag des Kaufpreises[4] oder auf weniger[5] oder auf ein noch höheres Multiplikat[6] oder allgemein auf quanti interest[7] gerichtet werden konnte. Eine alte Streitfrage ist es, ob Justinians l. un. C. de sent. quae pro eo 7, 47 auch die Eviktionsstipulation auf das Doppelte als Maximalsatz beschränkt habe. Für die Bejahung hat sich wie früher W. Sell[8], so neuestens noch Rudorff[9] erklärt; denn er findet es bemerkenswerth, dass in den Ravennatischen und verwandten Kaufbriefen (bei Spangenberg Tabulae negot. solemn. p. 247 et seqq.) Justinians Beschränkung nicht beachtet sei, in sofern dieselben die Klausel enthalten, dass der Verkäufer im Eviktionsfall ausser dem duplum noch rei melioratae aedificatae cultaeque taxatione habita Vergütung leisten, oder dass der Käufer die Wahl haben solle, statt des duplum sein Interesse zu beanspruchen. Allein gerade aus dieser Thatsache ist vielmehr zu folgern, dass man schon damals Justinians Beschränkung auf vertragsmässige Vorausbestimmungen

---

1) Vgl. die oben S. 10 besprochene l. 60 D. de evict. 21. 2.
2) Pandekten §. 288 S. 595.
3) Vgl. die Siebenbürger Kaufurkunden bei Bruns fontes ed. II p. 137. 138: „tantam pecuniam duplam" etc. und den Text des SC. de aedificiis non diruendis ebendas. p. 110 worauf Huschke S. 206 hingewiesen hat.
4) L. 11 §. 1, l. 27, l. 37 §. 2 D. de evict. 21, 2.
5) L. 74 pr. D. eod.
6) L. 56 pr. D. eod. Si dictum fuerit vendendo ut simpla promittatur, vel triplum aut quadruplum promitteretur, etc.
7) L. 102 D. d. V. O. 45. 1.
8) In Sells Jahrb. I. S. 239.
9) Zschr. f. RG. XI S. 90.

des Interesses nicht erstreckte. Gegen diese Erstreckung spricht auch der Umstand, dass Justinian die l. 56 pr. Dig. 21. 2 (S. 18 Anm. 6) in sein Gesetzbuch aufnahm, ausserdem aber besonders, wie schon Donellus hervorgehoben hat, die sich offenbar nur auf richterliche Abschätzungen des Interesses beziehende Absicht des Gesetzgebers.[1] In diesem Sinne hat sich denn auch der neueste Bearbeiter dieser Lehre ausgesprochen.[2]

Ebenso wie die zu versprechende Summe, wurde die Bedingung des Zahlungsversprechens nach Analogie der actio auctoritatis festgesetzt, nämlich auf den Fall der Eviktion. Von einem Haftungsversprechen des Verkäufers wegen Nichtgewährung des Eigenthums konnte hier natürlich keine Rede sein, da die stipulatio duplae gerade für die nicht auf Eigenthumsübergang berechneten Käufe ausgebildet war. Dagegen wurde das Versprechen ganz allgemein auf jede, gleichviel kraft welchen Rechts erfolgende Eviktion erstreckt, indem es nach der gewöhnlichen Fassung lautete:

si quis eam rem q. d. a. partemve quam ex ea evicerit quominus emtorem eumve ad quem ea res pertinebit habere possidereque (uti frui, usuque

---

[1] Donell. Comm. de iur. civ. XXVI, 24. Ebenso Cuiac. obs. XVI, 34. Die gewöhnliche Annahme, dass bei Schätzung des Eviktionsinteresses der Richter schon zur klassischen Zeit auf das duplum als Maximalsatz beschränkt gewesen sei, (wegen l. 44 D. d. A. E. V. 19, 1; W. Sell Jahrb. I S. 239 Vangerow Lehrb. §. 571 Anm. 4) hat wenig Wahrscheinlichkeit. Diese Beschränkung müsste dann auch in den andern Stellen, welche die actio emti auf id quod interest geben, hervortreten. Mir scheint die Interpolation des zweiten Satzes der l. 44 auch durch den unpassenden Indikativ (oportet) erkennbar. A. M. Bekker S. 311.

[2] Ude im Archiv f. civ. Pr. 57, S. 62. Vgl. auch Müller Eviktion S. 83. Nur sollte man nicht, wie es von Ude und freilich fast allgemein geschieht, solche vertragsmässigen Veranschlagungen des Interesses ohne weiteres mit Conventionalstrafen identifiziren. Vgl. dawider die treffenden Bemerkungen Fittings im Archiv f. civ. Pr. 56, S. 405 ff.

capere) recte liceat, tum quantum id erit quod ita ex ea evictum fuerit tantam pecuniam duplam probam dare spondes?[1] Beide in dieser Bedingung ausgedrückte Momente sind in ihrer Bedeutung von den Römischen Juristen scharf begränzt worden. Und zwar bezeichnet darnach evictio den gerichtlichen[2] Sieg eines fremden Rechts auf die Sache über das eigene des Käufers, wie es von seinem auctor ihm übertragen ist, das quominus habere liceat aber die demgemäss vom Käufer erlittene materielle Einbusse sei es der Sache selbst oder eines Theils von ihr, sei es eines zur Abfindung des Evincenten aufgeopferten Werthes.[3]

---

1) So nach den mehrerwähnten Siebenbürger Kaufbriefen, mit denen übereinstimmen l. 24. D. de evict. (etiamsi verum sit, habere ei non licere servum, illud tamen verum non est, iudicio cum evictum esse), l. 25 eod. (. . nihil ex stipulatione consequi possis, quia non evincitur, quominus habere tibi liceat), u. l. 21 §. 2 eod. Vgl. Rudorff, Edictum §. 307.

2) Mit Recht sagt Liebe in Weiskes Rechtslexikon IV S. 813: Bemerkenswerth ist es, dass man das Erforderniss rem iudicio evictam esse, nur für die Klage aus dem Eviktionsversprechen mit Strenge festhielt, die actio ex emto dagegen schon zuliess, wenn der Käufer auch ohne rechtskräftige Verurtheilung in Folge des Rechtes eines Dritten die gekaufte Sache verlor. Dawider zwar Bekker Jahrb. VI S. 289 wegen l. 11 §. 12 D. d. A. E. V. 19. 1: sive defendat noxali iudicio sive non, quia manifestum fuit noxium servum fuisse, nihilo minus vel ex stipulatu, vel ex emto agere posse. Allein auch diese Stelle spricht nicht von einer aussergerichtlichen Eviktion, sondern setzt die Anhängigkeit eines noxale iudicium voraus, in welchem der Verklagte sich nur wegen der offenbaren Richtigkeit der klägerischen Behauptung in contumaciam verurtheilen lässt. Vgl. l. 55 pr. D. de evict. 2. 2. Im übrigen gegen Bekker l. 24 und besonders l. 66 §. 2 D. eod.

3) In l. 4 pr. D. d. A. E. V. 19, 1 und l. 21 §. 2 D. de evict. 21, 2 wird quominus habere liceat gleichbedeutend gesetzt mit ut aliquid absit, (aut corpus aut pecunia). Vgl. l. 57 pr. §. 1 eod., wo die actio ex stipulatu dem Käufer so lange verweigert wird, als das Eviktionsurtheil gegen ihn noch nicht vollstreckt ist. Nerva sah das habere licere sogar dann noch als gewährt an, si rem emtor a domino redemit: l. 29 pr. D. eod.

Habere hat freilich in den Quellen sehr verschiedene Bedeutungen; es bezeichnet die Stellung dessen, der die Sache kraft Eigenthums, und wieder desjenigen, der sie als blosser detentor inne hat.[1] Bei der Eviktionsstipulation aber wird es nicht auf eine einzelne Rechtsform bezogen, sondern ganz allgemein ausgelegt, als die vollständige und dauernde Herrschaft über die Sache, gleichviel ob dieselbe durch diese oder jene actio oder nur durch exceptio geschützt ist oder gar nur thatsächlich ungestört bleibt.[2]

Die Erklärung für diese eigenthümliche Erscheinung dass der Verkäufer nur für ein gewisses materielles Resultat einzustehn versprach, liegt darin, dass den Römern ein Rechtsbegriff, welcher die verschiedenen Formen des Eigenthums, das römische, das Peregrinen- und das Provinzial-Grund-Eigenthum, in sich vereinigt hätte, fehlte, und dass auch das quiritarische Eigenthum seine reelle Macht und praktische Bedeutung mehr und mehr an das sog. bonitarische verlor, welches letztere nicht bestimmter, als das habere licere, eben auch nur nach seiner Wirkung definirt werden konnte.[3]

Zur klassischen Zeit finden wir nun die stipulatio duplae über ihr ursprüngliches Gebiet hinaus auch auf

---

1) L. 38 §. 9 D. d. V. O. 45, 1. Habere dupliciter accipitur: nam et eum habere dicimus, qui rei dominus est et eum qui dominus quidem non est, sed tenet; denique habere rem apud nos depositam solemus dicere. Vgl. l. 188 pr. D. d. V. S. 50, 16, l. 1 §. 33 D. de vi 43, 16.

2) L. 188 pr. cit. Habere .. dicitur .. obtinere sine interpellatione id quod quis emerit. Vgl. l. 164 §. 2 l. 71 pr. D. d. V. S. — ferner l. 38 §. 2 D. d. V. O. 45, 1: l. 29 §. 1 l. 54 pr. D. de evict. 21, 2.

3) L. 52 D. d. A. R. D. 41, 1: Rem in bonis nostris habere intellegimus, quotiens possidentes exceptionem aut amittentes ad reciperandam eam actionem habemus. L. 49 D. d. V. S. 50, 16. . . in bonis autem nostris computari sciendum est non solum quae dominii nostri sunt sed et si bona fide a nobis possideantur etc.; vor welchen Worten Mommsen in seiner Ausgabe mit gutem Grunde ergänzt: Civiliter bona nostra sunt ea quae habemus.

Mancipationskäufe ausgedehnt.¹ Praktische Veranlassungen zu dieser Verwendung der Stipulation neben (oder vielleicht anstatt) der nuncupatio lagen darin, dass die erstere gewiss biegsamer und freierer Gestaltung fähig war, als die letztere, und dass jene auch im Falle einer Ungiltigkeit der Mancipation dem Käufer eine Gewährspflicht des Verkäufers sicherte.²

Schliesslich war, wie bekannt, die stipulatio duplae so allgemein in Uebung gekommen, dass bei jedem Kauf werthvollerer Sachen mit der actio emti ihre Vollziehung, eventuell sogar ihre sofortige Erfüllung erzwungen werden konnte.³ Dabei hat viele Zweifel erweckt der Umstand, dass Ulpian bei seiner Exemplifikation von res pretiosiores in l. 37 §. 1 D. de evict. 21, 2.⁴ die res mancipi umgeht, während Gaius I, 192 gerade sie für die werthvolleren erklärt. Sieht man diese Umgehung als eine absichtliche an, — und man kann kaum anders, — so führt diess nicht, wie Degenkolb⁵ meint, zu der freilich unhaltbaren Folgerung, dass die stipulatio duplae bei res mancipi „wegfiel", sondern nur zu der Annahme, dass sie bei diesen nicht durch das prätorische Edikt für erzwingbar (promitti oportet) erklärt war. Diess letztere aber mag in der That der Prätor um desswillen unterlassen haben, weil bei der mancipatio, zu deren Vornahme der Verkäufer einer res mancipi ja verpflichtet war⁶, bereits durch die auctoritas für den Käufer gesorgt,

---

1) Sie findet sich beispielsweise in den drei Siebenbürgischen Mancipationsurkunden.

2) Aehnliche Erwägungen bei Degenkolb S. 160—161, und schon bei Th. Mommsen de auctoritate p. 18.

3) L. 2. 37 pr. D. de evict. 21, 2. Paul. S. R. II. 17 §. 2.

4) Quod autem diximus duplam promitti oportere, sic erit accipiendum, ut non ex omni re id accipiamus, sed de his rebus quae pretiosiores essent, si margarita forte aut ornamenta pretiosa vel vestis Serica vel quid aliud non contemptibile veneat; per edictum autem curulium etiam de servo cavere venditor iubetur.

5) A.a. O.S. 160.

6) Gai. IV, 131 a; weiteres im nächsten Abschnitt.

und daher die Hinzufügung einer stipulatio duplae, obschon häufig, doch nicht als regelmässig beabsichtigt zu betrachten war.

Ein Rückblick auf das bisher über die stipulatio duplae Gesagte ergiebt, dass auch hier der Verkäufer sich nur durch ausdrückliches Versprechen auf den Fall der Eviktion obligirte, dass aber zur Eviktion jede den Käufer in der Herrschaft über die Sache beschränkende Durchführung fremden Rechts genügte, und zuletzt jenes Versprechen bei erheblichen Käufen auch erzwingbar wurde.

§. 3. Die Haftung des Verkäufers auf die actio emti.

Um welche Zeit der Kauf als Consensual-Contract klagbar geworden ist, ob schon um die Zeit des Plautus, wie mittelst gewagter Schlüsse aus einzelnen Stellen seiner Lustspiele behauptet wird[1], oder erst gegen Ende der Republik[2], (was wahrscheinlicher ist,) und was für Zwischenstadien er vorher durchlaufen hat, ob das der Einkleidung in zwei sich kreuzende Stipulationen[3] oder dasjenige des Realvertrages[4], soll hier nicht untersucht werden.

In der Natur der Sache liegt es, dass die actio emti von geringeren Anfängen sich erst allmählich zu dem Umfang entwickelt hat, den sie im klassischen Recht besitzt. Sie mag daher, wie es nach der Darstellung bei Varro (oben S. 16 Anm. 1) den Anschein hat, zuerst nur auf Tradition gegangen sein, während daneben wegen Eviktion nicht anders, als aus einer hinzugefügten

---

1) So besonders Demelius Zschr. f. RG. II S. 181 — 216 und neuestens Karlowa Civilprozess S. 138 ff.

2) So namentlich Bekker, zuerst in d. Heid. krit. Zschr. I S. 443 (1853), seitdem wiederholt ausführlicher und zuletzt in den Aktionen I S. 148 ff.; ferner Dernburg Compensation (2. Aufl.) S. 48; vgl. auch Ihering Geist III §. 54 S. 197.

3) Ihering a. a. O.

4) A. Pernice, Labeo S. 456 ff.

Stipulation geklagt werden konnte. Jedenfalls aber ist zur klassischen Zeit die obligatio venditi weit über diese beiden Ziele hinaus und für gewisse Fälle ganz entschieden zu einer Haftung des Verkäufers auf Gewährung des Eigenthums fortgebildet.

Dieser Behauptung scheinen nun allerdings die zahlreichen und bekannten Stellen entgegen zu stehen, nach welchen der Verkäufer

> hactenus tenetur ut emtori habere liceat, non ut rem emtoris faciat (l. 30 §. 1 D. d. A. E. V. 19, 1).

Vgl. l. 25 §. 1 D. d. C. E. 18, 1. (Ulp.).

> Qui vendidit necesse non habet, fundum emtoris facere, ut cogitur qui fundum stipulanti spopondit;

ferner: l. 1 pr. D. de rer. permut. 19, 4. (Paul.)

> Emtor nisi nummos accipientis fecerit, tenetur ex vendito, venditori sufficit ob evictionem se obligare, possessionem tradere et purgari dolo malo, itaque si evicta res non sit, nihil debet etc.

auch l. 4 D. de usur. 22, 1 (Pap.) und l. 3 C. de evict. 8, 45.

Auf diese Stellen gründet sich denn auch die am Eingang dieser Abhandlung berührte herrschende Meinung, dass der Verkäufer eben nur das faktische Haben (habere licere) zu gewährleisten habe.

Allein diese Stellen bezeichnen nun die Leistung des Verkäufers in keiner Weise erschöpfend. Sie müssen vielmehr durch andere näher bestimmt und ergänzt werden.

Und zwar ist in dieser Beziehung zunächst an jene Aussprüche der Quellen zu erinnern, dass venditio die wichtigste iusta causa dominii transferendi bildet[1], dass der Verkäufer das ihm zustehende Eigenthum durch die Tradition auf den Käufer überträgt[2], sogar dann, wenn dieser von einem Nicht-Eigenthümer zu kaufen

---

1) L. 31 pr. D. d. A. R. D. 41, 1.
2) L. 11 §. 2 D. d. A. E. V. 19, 1.

meint¹, und dass ein Kaufvertrag mit dem Zusatz, das Eigenthum der Sache solle nicht auf den Käufer übergehn, keinen Kauf mehr, sondern einen Mieths- oder sonstigen Vertrag darstellt.²

Mit diesen Sätzen sind sofort folgende weitere zu verbinden:

1. Der Käufer einer res mancipi konnte mit der actio emti geradezu Mancipation derselben verlangen.³ Gewiss ist dabei vorausgesetzt, dass beide Theile cives waren; vielleicht auch, dass der Verkäufer selbst Eigenthum hatte. Unter dieser Voraussetzung aber braucht der Käufer sich eben nicht mit dem habere licere abfinden zu lassen, sondern kann Eigenthum fordern.

Bei Justinian ist nun zwar dieses Recht in dem Anspruch des Käufers auf Tradition aufgegangen, weil bei ihm diese letztere die allgemeine Eigenthumsübertragungsform geworden ist, ohne dass freilich die Spuren der älteren Mancipationspflicht überall verwischt wären.⁴ Aber für uns folgt darum doch aus dieser Entwicklung soviel, dass da, wo ein Partikularrecht wieder eine besondere Form der Eigenthumsübertragung eingeführt

---

1) L. 9 §. 4 D. d. iur. et fact. ign. 22, 6.
2) L. 80 §. 3 D. d. C. E. 18, 1.
3) Gai. IV, 131 a (actio emti mit der praescriptio: ea res agatur de fundo mancipando. Paul. I, 13 a §. 4: Si id quod emtum est, neque tradatur neque mancipetur, venditor cogi potest, ut tradat aut mancipet. Dazu Plaut. Pers. IV, 3 v. 63: nisi mancipio accipio, quid eo mihi opus mercimonio? und Degenkolb S. 149. — Anders Huschke in seiner Jurispr. anteiust. ad h. l. in dem er annimmt, genus quoddam fraudis venditoris significatum fuisse, nam de extraordinaria coactione Paulus loqui videtur. Aber ohne Grund. Koch (Recht der Forderungen III §. 321) lehrt gar: „zur mancipatio konnte der Verkäufer nicht gezwungen werden."
4) Vgl. z. B. l. 11 §. 2 D. d. A. E. V. 19, 1: ipsam rem praestare venditorem oportet, id est tradere, quae res siquidem dominus fuit venditor, facit et emtorem dominum. So kann Ulpian um so weniger geschrieben haben, als gerade er das bqnitarische Eigenthum nicht als dominium ansah (Ulp. 19, 7). Auch §. 9 eod. satis non dantem deutet auf Mancipation.

hat, der verkaufende Eigenthümer zu deren Vollziehung angehalten werden kann.

Ausserdem ist nach dem Gesagten zu behaupten, dass ein Käufer, dessen auctor erst nach geschehener Uebergabe das Eigenthum der Sache erworben hat, obwohl er gegen die Geltendmachung desselben zur Genüge geschützt ist [1], doch auch noch nachträgliche Abtretung des Eigenthums vom Verkäufer fordern darf.[2]

Endlich erklärt sich nur aus jener Uebereignungspflicht der Satz, dass der Verkäufer, dem die Tradition der Sache ohne seine Schuld z. B. durch Diebstahl, unmöglich geworden ist, nicht bloss seine possessorischen Rechtsmittel, sondern geradezu die rei vindicatio und condictio furtiva dem Käufer cediren muss.[3]

2. Der Verkäufer, der wissentlich eine fremde Sache verkauft, haftet dem Käufer auch ohne Eviktion für das Interesse der Eigenthumsgewährung.

L. 30 §. 1 D. d. A. E. V. 19, 1. Si sciens alienam rem ignoranti mihi vendideris, etiam priusquam evincatur, utiliter me ex emto acturum in id quanti mea intersit, meam esse factam: quamvis enim alioquin verum sit, venditorem hactenus teneri, ut rem emtori habere liceat, non etiam ut eius faciat, quia tamen dolum malum abesse praestare debeat, teneri eum, etc.

Ebenso 1. 11 §. 18 fin. l. 45 §. 1 fin. eod und l. 21 pr. D. de evict. 21, 2.

Diese Haftung führt der Jurist freilich auf einen dolus des Verkäufers zurück, aber eben die Thatsache, dass in solchem Verkauf ein dolus gefunden wird, zeigt deutlich, wie sehr als die Absicht des Kaufs Eigen-

---

1) L. 17 D. de evict. 21, 2. Weitere Stellen bei Windsch. Lehrb. §. 172 Anm. 5.

2) Vgl. L. 46 D. de A. E. V. 19, 1. Si quis alienam rem vendiderit et medio tempore heres domino rei exstiterit, cogetur implere venditionem.

3) L. 35 §. 4 D. d. C. E. Si res vendita per furtum perierit . . vindicationem rei et condictionem exhibeat emtori.

thumserwerb betrachtet, und wie wenig der Obliegenheit des Verkäufers durch Gewährung faktischen Habens genügt wird. Uebrigens wird nach der bekannten Regel[1] dem Wissen fremden Eigenthums auch hier die auf culpa lata beruhende Unkenntniss des Verkäufers gleich zu behandeln sein.

3. Der Verkäufer, welcher ausdrücklich zugesichert hat, Eigenthümer zu sein, haftet aus dieser Versicherung selbst dann, wenn er sich über sein Eigenthumsrecht in entschuldbarem Irrthum befunden haben sollte. Dieser Satz ist zwar, so weit ich sehe, durch keine Quellenstelle zu belegen, aber er muss nichts desto weniger als gewiss gelten. Denn die treffliche Ausführung Ulpians über die Gleichstellung von wissentlichem Verschweigen eines Mangels und ausdrücklicher Zusicherung des Gegentheils[2] passt auch hier vollkommen.

Schon durch diese drei Sätze schrumpft offenbar der Kreis der Fälle, in denen der Verkäufer nur für habere licere, nicht auch für Eigenthumsgewährung haftet, erheblich zusammen. Denn diese Beschränkung der Haftung kommt darnach (abgesehen von dem Falle wo der Käufer wissentlich eine fremde Sache gekauft und also gar keinen Gewährsanspruch hat[3]), nur demjenigen Verkäufer zu Gute, welcher Eigenthum weder hatte, noch zu haben versicherte, sich aber ohne grobes Verschulden in dem Irrthum befand, es zu haben.

Wenn nun die Römer einem solchen gegenüber dem Käufer die Regressklage nur wegen Eviktion gestatteten, so mochten sie diess durch die Erwägung rechtfertigen, dass ja der Käufer auch ohne Eigenthümer zu sein, die hauptsächlichen Rechte eines solchen aus-

---

1) L. 1 §. 1 D. si mensor 11, 6 lata culpa dolo comparabitur u. darüber Ihering in seinen Jahrb. IV S. 12.
2) L. 13 §. 3 D. d. A. E. V. 19, 1 mit Mommsens scharfsinniger Ergänzung.
3) L. 18. 27 C. de evict. 8, 45.

üben konnte. Als redlicher Erwerber (bez. bonitarischer Eigenthümer) hatte er nicht bloss die exceptio rei venditae et traditae wider seinen Auktor und dessen Rechtsnachfolger, sondern auch die actio Publiciana gegen jeden Dritten; die exceptio iusti dominii gegen diese letztere wurde nur causa cognita gegeben[1]; nach ein- bis zweijähriger Frist verwandelte sich sein Besitz in Eigenthum, und auch mala fides superveniens hinderte diese Umwandlung nicht. Endlich war ja selbst das Recht zur Perception und zum Verbrauch der Früchte von der Erlangung des Eigenthums unabhängig, das erstere nach der Ansicht mancher Juristen sogar von der Fortdauer der bona fides.[2] Mit Rücksicht auf diess alles konnte sich der Käufer, der, wie Unterholzner es ausdrückt[3], „in der Regel an das Behalten der Sache denkt", einstweilen, so lange keine Entwehrung eintrat, genügen lassen, — und diess um so mehr, als er ja beim Eintritt der Eviktion das Doppelte des Kaufpreises erstattet zu erhalten sicher war.

Allein wie wenig damit doch für alle berechtigten Interessen des Käufers gesorgt, und wie sehr ein Anspruch desselben auf Eigenthumsgewährung auch gegen den bonae fidei venditor rei alienae in der Billigkeit begründet war, das konnte den Römern auf die Dauer nicht verborgen bleiben. Und so finden wir denn in der That die actio emti nicht bloss in Fällen wirklicher Eviktion, wo die actio ex stipulatu aus formellen Gründen ihren Dienst versagte[4], sondern auch geradezu im

---

1) L. 57 D. mand. 17, 1.

2) L. 25 §. 2 D. de usur. 22, 1. Bonae fidei emtor sevit et antequam fructus perciperet, cognovit fundum alienum esse; an perceptione fructus suos faciat, quaeritur. Respondi: bonae fidei emtor quod ad percipiendos fructus intellegi debet, quamdiu evictus non fuerit etc. Dawider freilich l. 48 §. 1 D. d. A. R. D. 41, 1. Vgl. über das Verhältniss beider Stellen Göppert organ. Erzeugnisse S. 367.

3) Schuldverhältnisse II S. 294.

4) So in l. 66 §. 2 D. de evict. 21, 2 l. 11 §. 14 l. 45 §. 1 D. d. A. E. V. 19, 1. namentlich aber in der interessanten l. 41 pr. D. de

Sinne einer materiellen Erweiterung der Rechte des Käufers über das Eviktionsprinzip hinaus vielfach angewendet.

1. Noch am nächsten gränzen an die Fälle der eigentlichen Eviktion diejenigen, wo dem Käufer zwar nicht die gekaufte Sache selbst oder ein Theil von ihr, aber andre Sachen entwehrt worden sind, die er als Eigenthümer der Kaufsache erworben haben würde, beispielsweise percipirte Früchte[1], oder ein Sklavenkind, oder eine dem gekauften Sklaven zugewendete Erbschaft.[2] Die actio ex stipulatu war hier nicht anwendbar, weil weder res noch pars eius — die pars pro diviso ist eben kein Theil mehr[3] — evincirt war. Dagegen

---

evict. An dieser letzten Stelle ist m. E. eine Aenderung des Textes ebenso unerlässlich, als leicht. Derselbe lautet gegenwärtig: Si ei cui vendidi et duplam promisi, cum ipse eadem stipulatione mihi cavisset, heres exstiterim, evicto homine nulla parte stipulatio committitur: neque enim mihi evinci videtur, cum vendiderim eum, neque ei cui me promissorem praestarem, quoniam parum commode dicar ipse mihi duplam praestare debere. §. 1. . . His igitur casibus ex emto agendum erit. — Selbst Mommsens Scharfblick hat diesen Text passiren lassen. Aber was soll das heissen: cum ipse (cui vendidi) eadem stipulatione (duplae) mihi cavisset? Die Annahme, dass der Käufer in einem früheren Kaufgeschäft unter denselben Parteien den Verkäufer gespielt, und als solcher cavirt habe, ist unzulässig. Denn es wird ja dem Ego nach Beerbung seines Käufers eine actio ex emto gegen den früheren Verkäufer gegeben (was freilich den Verfasser der Abhandlung bei Meermann thes. III p. 459 not. a. an jener Annahme nicht irre gemacht zu haben scheint). Die Schwierigkeit verschwindet aber, sobald man liest: cum ipse eadem stipulatione mihi cavissem — (sc. ab extraneo venditore); damit werden zugleich ipse und ego, wie allein angemessen, identisch. Wegen der Wendung stipulatione sibi cavere vgl. l. 21 (Moms. 22) D. ad S. C. Treb. 36, 1.

1) L. 43 D. de evict. 21, 2. Dabei nehme ich unbedingt an, dass Früchte auch einzeln, nicht bloss als causa rei, mit der vindicatio abgefordert werden können. Denn die entgegengesetzte, althergebrachte Lehre ist doch wohl durch Göppert (organ. Erz. S. 105 ff.) endgiltig widerlegt.

2) L. 8 D. eod.

3) L. 25 §. 1 D. d. V. S. 50, 16. Auch hier wird der Satz praktisch „partum non esse partem" l. 10 §. 2 D. de usurp. 41, 3 und

giebt schon Julian die actio emti, und zwar auf quanti eius (emtoris) interest, hominem venditoris fuisse.

2. Einen Schritt ferner liegen schon die Fälle, in denen der Käufer die Sache selbst, zwar nicht durch Entwehrung, sondern durch freiwillige Veräusserung eingebüsst, dabei aber in Folge des ihm fehlenden Eigenthums irgend einen davon erwarteten Vortheil nicht erlangt hat. Die Quellen führen zwei solche Fälle an:

a) Eine Frau giebt das von ihr gekaufte Grundstück ihrem Ehemann, der Eigenthümer ist, in dotem. Da ihr das habere licere hier nicht evincirt ist, findet die actio ex stipulatu nicht Statt. Aber schon African giebt der Frau die actio emti mit Rücksicht darauf, dass sie indotata ist, das heisst doch wohl: auf ihr Interesse, aus dem Kauf das Eigenthum erworben zu haben.[1]

b) Der Käufer eines Sklaven lässt diesen frei und erwirbt in Ermanglung des Eigenthums damit nicht das erwartete Patronatsrecht. In diesem Fall verweigerte, wie es scheint, noch Ulpian nicht bloss die actio ex stipulatu, sondern auch die actio emti.[2] Aber schon Julian und nach ihm Paulus geben die actio emti auf quanti eius (emtoris) interest, libertum habere[3], also

---

zwar in dem Sinne, dass damit nur die gegenwärtige, nicht auch die (ante editionem) gewesene Theilqualität des partus verneint wird, wie Göppert S. 211 mit Recht annimmt. Diese Deutung ist also doch nicht so „ganz trivial" (G. Hartmann in Pözls krit. V. J. Schr. XI. S. 517.

1) L. 24 D. de evict. 21,2.

2) Vgl. l. 25 D. de evict. 21, 2 Si servum cuius nomine duplam stipulatus sis, manumiseris, nihil ex stipulatione consequi possis, quia non evincitur, quominus habere tibi liceat, quem ipse ante voluntate tua perdideris; und das in l. 43 D. d. A. E. V. 19, 1 erwähnte responsum Ulpians „emtorem nihil posse post manumissionem a venditore consequi."

3) L. 43—45 D. d. A. E. V. 19, 1 mit Mommsens trefflicher Ergänzung der Lücke in l. 43. — Nicht ganz soweit geht Paulus in l. 26 D. de evict., indem er hier nach Freilassung des Sklaven dem Käufer

wieder auf den durch den Mangel des Eigenthums entgangenen Vortheil.

3. Noch weiter geht die Entscheidung in l. 35 §. 4 D. d. C. E. 18, 1. Der Verkäufer ist dadurch, dass die Sache ihm ohne eignes Verschulden abhanden kam, ausser Stande, sie dem Käufer zu übergeben, zugleich aber auch nicht in der Lage, eine vindicatio oder condictio zu cediren, weil ihm das Eigenthum fehlte. Hier — sagt Gaius — ob id ipsum damnandus est, quia si suam rem vendidisset, potuisset eas actiones ad emtorem transferre. Also wiederum wird die Verpflichtung des Verkäufers über das habere licere hinaus und auf Gewährung des Eigenthums erstreckt, weil der Käufer an der Zuständigkeit des letzteren ein Interesse hat.

4. Die weiteste Ausdehnung der Haftung des Verkäufers enthält der in den Quellen häufig erwähnte Satz, dass der Käufer, welcher nachträglich ex causa lucrativa das Eigenthum erwirbt, nunmehr mit der actio emti gegen seinen Verkäufer Regress nehmen kann.

Allgemein wird diess ausgesprochen bei Paulus S. R. II, 17 §. 8[1] von Ulpian in l. 13 §. 15 D. d. A. E. V. 19, 1 und von Julian in l. 19 D. d. O. et A. 44, 7. Einzelne Anwendungen finden sich in den Fällen des Legats[2] und der Beerbung des Eigenthümers durch den Käufer.[3] Das Gleiche muss natürlich gelten, wenn die

---

eine actio nur giebt a) si scierit venditor alienum se vendere, und zwar dann ex vendito (ex dolo? oder venditoris dolo?) b) si emtor coactus fuerit manumittere — ex emto.

1) Fundum alienum mihi vendidisti; postea idem ex causa lucrativa meus factus est: competet mihi adversus te ad pretium recuperandam actio ex emto.

2) L. 29 D. de A. E. V. 19, 1. (Jul.) Cui res sub condicione legata erat, is eam imprudens ab herede emit: actione ex emto poterit consequi emtor pretium, quia non (Momms. emendirt quando) ex causa legati rem habet. Ebenso l. 84 §. 5 D. de leg. I (Jul.).

3) L. 9 D. de evict. 21, 2 (Paul.) Si vendideris servum mihi Titii, deinde Titius heredem me reliquerit, Sabinus ait amissam actionem pro

Sache dem Käufer geschenkt ist[1]; ebenso aber auch dann, wenn umgekehrt die Rechte des Käufers aus dem Kaufe durch Beerbung oder Cession auf den Eigenthümer der Sache übergegangen sind. Diess wird für den Fall des Erbgangs bestätigt durch die vielbestrittene l. 49 D. mand. 17, 1[2], mag man dieselbe nun nach Ihering oder nach Scheurl (Jahrb. f. Dogm. II) oder sonst wie interpretiren.[3]

Als Ziel der Regressklage bezeichnen in den angegebenen Fällen Paulus und Julian (S. 31 Anm. 1. 2) die

---

evictione, quoniam servus non potest evinci; sed in ex emto actione(m) decurrendum est. Ebenso l. 41 §. 1 D. eod. (Paul.).

1) Dafür lässt sich ein argumentum a contrario aus l. 57 pr. §. 1 D. eod. entnehmen, wo Gaius nur die actio ex stipulatu abspricht. Dawider Windscheid Lehrb. §. 391 Anm. 16.

2) Titius (der Eigenthümer) adversus venditorem testatoris sui habet ex emto iure hereditario actionem.

3) Sonst wie? Man wird fragen, ob noch eine dritte Interpretation überhaupt möglich sei? Vielleicht! Man kann den thatsächlichen Verlauf der Sache in dem zweiten der beiden besprochenen Fälle so auffassen, wie Scheurl, (so dass Titius nur über die causa seines Eigenthums an dem Sklaven, den er im Nachlass seines Erblassers vorgefunden hat, irrt), und dann aus den von Ihering überzeugend entwickelten Gründen anerkennen, dass folgeweise das Eigenthum an dem Sklaven durch die im Auftrag des Titius vorgenommene Tradition auf den Käufer übergehn musste. Wenn nun gleichwohl der Jurist die vindicatio des Titius nur durch exceptio doli entkräftet werden lässt, so erklärt sich diess daraus, dass die Tradition eben nur bonitarisches Eigenthum an dem Sklaven übertragen konnte, und desshalb die vindicatio des Titius ipso iure begründet blieb. Freilich ist dann, wie Ihering (Jahrb. f. Dogm. II S. 173) mit Recht hervorhebt, der an der Spitze der Stelle stehende Satz nur auf den ersten Fall zu beziehn, und folglich, anders als von Mommsen geschieht, dahin zu interpungiren: Servum Titii emi ab alio bona fide et possideo, mandatu meo eum Titius vendidit, cum ignoraret, suum esse; — vel contra, ego vendidi (servum Titii) illius mandatu, cum forte is, cui heres extiterit, cum emisset (ab alio bona fide et possideret). Aber mir scheint diess auch weniger bedenklich, als die doppelte Ergänzung Iherings, der zu emisset hinzudenkt „a me" und zu venditorem testatoris sui „i. e. me". Solche Ellipsen hätte sich Marcellus nur gestatten dürfen, wenn er auf Leser von Iherings Scharfsinn rechnete; aber so vermessen war er schwerlich.

reciperatio pretii.[1] Allein offenbar wird dabei ebenso, wie auch sonst öfter[2], vorausgesetzt, dass pretium und Sachwerth mit einander übereinstimmen. In Wahrheit geht die actio emti auf das Interesse; diess aber besteht hier in demjenigen, was der Eigenthümer als solcher dem Käufer hätte abfordern können, d. h. in dem Werth der Sache, wie sie gegenwärtig beschaffen ist, etwa mit Abzug der impensae, welche der klagende Eigenthümer dem Käufer hätte vergüten müssen. Denn dieser Werth kommt rechtlich jetzt durch die causa lucrativa in das Vermögen des Käufers hinein, während er nach der Absicht des Kaufvertrages bereits darin enthalten sein und folglich sich nunmehr doppelt darin befinden müsste. Desshalb kann der Käufer auf ihn seinen Regressanspruch richten. Die Ursache aber, wesswegen der Käufer diesen Werth vom Verkäufer eben nur faktisch, nicht rechtlich erhalten hatte, liegt offenbar wieder darin, dass der Verkäufer nicht Eigenthümer war: in Folge davon könnte man das Ziel der Klage auch hier so formuliren, wie Julian in l. 8 D. de evict. 21,2:

quanti emtoris interest, rem venditoris fuisse.

Es ist wohl versucht worden[3], die hier unter Nr. 4 zusammengestellten Sätze auf das Prinzip der Entwehrung zurückzuführen. Denn „das habere ex donatione s. legato sei zwar thatsächlich die Fortsetzung des Habens aus der früheren unwirksamen causa, könne aber rechtlich mit demselben gar nicht in einen auf dessen Schicksal und juristische Beurtheilung influenzirenden Zusammenhang gestellt werden; letzteres, für welches der Promittent einzustehn hatte, gelte als fortdauernd entzogen" u. s. w. Allein nach der herrschenden Meinung soll ja eben der Verkäufer nur das thatsächliche Haben zu gewähren brauchen; dieses aber ist dem

---

[1] Ebenso Müller Eviktion S. 86. 87.
[2] Vgl. Windscheid Lehrb. §. 394 Anm. 1.
[3] Müller Eviktion S. 86.

Käufer doch unzweifelhaft nicht von Seiten des Dritten, der die Sache selbst nicht hatte, vielleicht nicht einmal wusste, dass sie sich beim Käufer befand, sondern nach wie vor, durch die Tradition von Seiten des Verkäufers verschafft worden.

5. Endlich muss als eine Ueberschreitung des Eviktionsprincips auch der Satz angesehn werden[1], dass der Käufer dominii quaestione mota den Kaufpreis zurückzubehalten berechtigt ist[2], was eine Stelle sogar auf ein noch entfernteres Hervortreten von Gewährsmängeln auszudehnen scheint.[3]

In unsern Lehrbüchern erscheinen alle diese Sätze entweder gar nicht (Brinz §. 114) oder als einzelne Ausnahmen (Windscheid §. 389 Arndts §. 303 Anm. 7). Und in der That ist zuzugeben, dass sie von den Römern nirgends auf ein allgemeines Prinzip zurückgeführt werden.

Gleichwohl ist zunächst soviel unzweifelhaft, dass jeder der unter Nr. 1—5 aufgeführten Sätze kraft Analogie auf andre gleichartige Fälle ausgedehnt werden kann und werden muss.

Zu 1) Wenn der Käufer wegen Nichterwerbs einer dem gekauften Sklaven angefallenen Erbschaft auf das Eigenthumsinteresse klagen kann, so wird man nicht umhin können, das Gleiche anzunehmen wegen Eviktion der Hälfte des im Kaufgrundstück gefundenen Schatzes oder einer Flussinsel oder sonstiger commoda rei, die dem Eigenthümer als solchem zufallen.[4]

---

1) So schon Bekker Jahrb. VI. S. 323.
2) L. 18 §. 1 (Momms. 19 §. 1) D. de per. et comm. 18, 6 vgl. Fr. Vat. 12.
3) L. 24 C. de evict. 8, 45. Quum parte pretii numerata domus quam emisti, tibi velut pignoris iure obligatae ne ad emtionem accederes, denuntiatum ab aliquo proponas etc.
4) Vgl. über diese auch Göppert a. a. O. S. 246. Der fructus venationis gehört hierher nur insofern man mit Schütze (Jahrb. d. gem. R. VI S. 103) u. a. m. annimmt, dass das widerrechtlich erlegte Wild von selbst dem jagdberechtigten Grundeigenthümer gehöre.

Zu 2) Wie die Regressklage aus der Einbusse des sogenannten dominium naturale an der dos oder des Patronatsrechts entspringt, so wird sie auch in folgenden Fällen gegeben werden müssen: wenn etwa dem Käufer bei einer entgeltlichen Weiterveräusserung der Sache die Gegenleistung um desswillen, weil er nicht Eigenthümer war, gekürzt ist, oder wenn der Käufer, der einem Dritten zur Eigenthumsgewährung verpflichtet war, (z. B. ein heres rem legatario dare damnatus), durch die Ueberlieferung der von ihm erkauften Sache seine Befreiung nicht erzielt hat.

Zu 3) Dem Falle, wo der Verkäufer nach unverschuldeter Entwendung der Sache sich ausser Stande befindet, eine vindicatio oder condictio zu cediren, dürften ebenfalls andre gleichstehn: z. B. wenn die verkaufte Sache vor der Tradition von einem Dritten zerstört oder expropriirt oder durch Adjudikation im Theilungsprocess erworben worden ist, der Ersatzanspruch aber vom Verkäufer, weil er nicht Eigenthümer war, dem Käufer nicht cedirt werden kann.

Zu 4) Nicht minder führt der Satz, dass der Erwerb des Eigenthums ex alia causa lucrativa für den Käufer eine actio emti begründet, zu weiteren Folgerungen. Einer Schenkung des Eigenthums liegt offenbar der Fall ganz nahe, wo der Eigenthümer aus Liberalität gegen den Käufer entweder sich diesem verbindlich macht, nicht wider ihn zu klagen, oder dessen Ersitzung sich hat vollenden lassen.[1] Auch hier ist das Recht zum Haben dem Käufer überwiegend durch die Handlung oder Unterlassung des Dritten erworben worden: und diess muss genügen, um ihm einen Anspruch gegen den Verkäufer zu eröffnen, dem er für die Gewährung

---

1) Vgl. l. 44 D. de don. int. vir. et ux. 24, 1 . . si vir rescierit suam rem esse priusquam usucapitur, vindicareque eam poterit nec volet et hoc et mulier noverit, . . . transit in causam ab eo factae donationis.

dieses Habens den Preis entrichtet hat. Ja es ist sogar für eine Inconsequenz erklärt worden[1], dass nicht auch dann, wenn der Dritte aus Unbeholfenheit, Aengstlichkeit, Bequemlichkeit, (fügen wir hinzu: aus Mangel an Beweis- oder an Geldmitteln) die Verfolgung seines Rechts wider den Käufer unterliess, dieser letztere eine Klage wider den Verkäufer erheben könne; wogegen sich freilich mancherlei einwenden liesse.

Endlich was 5) das Retentionsrecht des Käufers betrifft, so wird dasselbe bekannter Massen[2] von der Praxis in der verschiedensten Weise ausgedehnt: auf Fälle „drohender Eviktion" oder „erweislich begründeter Besorgniss der Entwehrung" oder auch schon des blossen Vorhandenseins solcher Rechte Dritter, die dem Käufer unbekannt waren.

Durch diese analogen Erweiterungen wachsen die Fälle, in denen der Verkäufer unabhängig von einer geschehenen Eviktion auf Gewährung des Eigenthums in Anspruch genommen werden kann, zu einer solchen Zahl an, dass man sie nicht mehr als vereinzelte Ausnahmen behandeln kann.

Aber auch ausserhalb des bisher umschriebenen Kreises giebt es zahlreiche Fälle, in denen das Interesse des Käufers an der Eigenthumsgewährung ein höchst dringendes ist. Schon African weist auf solche Fälle hin (l. 30 §. 1 D. d. A. E. V. 19, 1)

maxime si manumissuro vel pignori daturo vendiderit.

Ebenso nun wie Freilassung und Verpfändung, kann natürlich auch jede sonstige Veräusserung durch den Mangel des Eigenthums gehemmt werden; nicht minder aber auch so manche andre Verfügung, z. B. die Anstellung einer Theilungsklage gegen den Miteigenthümer, der den Käufer nicht als condominus anerkennt[3];

---

1) Von Bekker Jahrb. VI S. 291.
2) Nähere Nachweisungen bei Bekker a. a. O. S. 323 ff.
3) L. 1 §. 1 D. fam. herc. 10, 2 und dazu Bülow Prozesseinreden S. 131 ff.

ja, selbst das Fruchtrecht des Käufers wird dadurch geschmälert, dass er von dem Eigenthum eines Dritten an der Sache Kunde erlangt.[1]

In neueren Partikularrechten ist auch vielfach geradezu die formelle Legitimation als Eigenthümer für eine Vorbedingung der wichtigsten Verfügungen über ein Grundstück erklärt worden, und darnach deren Mangel eine Quelle der verschiedensten Gefahren für den Eigenthümer. So war nach dem seitherigen Preussischen Recht nur derjenige, für welchen im Hypothekenbuch der Besitztitel berichtigt war, dieser aber auch ohne weiteres zur Belastung der Sache mit Pfandrechten u. s. w. legitimirt, und auch nach dem neuen Gesetz über den Erwerb von Grundeigenthum vom 5. Mai 1872 §. 19 hat nur der im Grundbuch eingetragene Eigenthümer die Berechtigung zur Bestellung von Hypotheken oder Grundschulden. Will man nun Angesichts solcher Verhältnisse dem Käufer nur den Anspruch wegen Eviktion des habere licere einräumen, so heisst das nichts geringeres, als sein Recht an der Sache aufs äusserste verkümmern, ja unter Umständen entwerthen.[2]

Zwar hat man gesagt[3], zum „habere" gehöre „die Disposition über die Sache, darin die Möglichkeit der Veräusserung"; wenn die Sache wegen fremder Rechte nur zu herabgesetztem Preise zu veräussern sei, so habe der Verkäufer nicht geleistet, ut habere liceat.

Allein diess ist nicht die Anschauung der Römer. Denn in l. 30 §. 1 D. d. A. E. V. 19, 1 ist in Bezug

---

1) L. 48 §. 1 D. d. A. R. D. 41, 1 l. 23 §. 1 D. cod. u. darübe Göppert a. a. O. S. 369.

2) Das einzige Lehrbuch, in welchem ich diess angedeutet und behauptet finde, dass der Käufer eines Grundstücks von dem Verkäufer die Urkunden verlangen könne, um sein Eigenthum im Grundbuch verzeichnen zu lassen, ist das von Baron Pand. S. 592.

3) Bekker a. a. O. S. 335.

auf den wissentlichen Verkauf einer fremden, dem Käufer aber noch nicht evincirten Sache ja ausdrücklich gesagt, utiliter me ex emto acturum in id, quanti mea intersit meam (rem) esse factam, quamvis alioquin verum sit, venditorem hactenus teneri, ut rem emtori habere liceat; ... maxime si manumissuro vel pignori daturo vendiderit.

Also der durch das fremde Eigenthum an der Freilassung oder Verpfändung Behinderte kann nicht darum klagen, weil ihm das habere licere, sondern nur, weil ihm das Recht zur Veräusserung fehle.

Es kommt noch zweierlei hinzu.

Einerseits sind die Gründe, um derentwillen, wie oben erwähnt, nach klassischem römischen Recht der Käufer über den Mangel des Eigenthums hinwegsehn mochte, für das heutige Recht grossentheils hinweggefallen. Ein bonitarisches Eigenthum und eine Verweigerung der exceptio iusti dominii gegenüber der actio Publiciana giebt es nicht mehr; im Gegentheil, manche [1] lassen die actio Publiciana heute gar schon durch Eintritt der mala fides untergehn. Ferner ist die Usukapionsfrist verlängert auf drei, beziehungsweise zehn Jahr, und, was das wichtigste ist, mala fides superveniens unterbricht die begonnene Ersitzung. Gerade gegen die Nachtheile solcher Unterbrechung, die freilich früher nur durch Besitzentziehung geschehen konnte, sollte die stipulatio duplae schützen; (si quis evicerit, quominus possidere usuque capere liceat!). Heut zu Tage ist nun der Eintritt des Nachtheils bedeutend näher gelegt, und das Schutzmittel dagegen abgekommen. Wird eben damit nicht eine anderweitige Abhilfe doppelt nöthig?

Andrerseits bestehn auch die Gegengründe, welche im römischen Recht einer ausdrücklichen und allgemeinen Verpflichtung des Verkäufers zur Eigenthumsgewährung

---

1) Z. B. Windscheid Lehrb. §. 193 Anm. 8.

im Wege standen, im heutigen Recht nicht mehr. Bei uns giebt es weder Personen, für welche, noch Sachen, an welchen das Eigenthum unmöglich wäre. Ebenso ist die Unterscheidung, welche der klassische Sprachgebrauch zwischen einem Versprechen auf dare und einem auf tradere machte, dem modernen Rechtsleben völlig fremd. Schon in den Ravennatischen und verwandten Kaufbriefen[1] aus Justinians Zeit findet sich jedes Mal die Erklärung des Verkäufers, dass er omne ius proprietatemque suam an dem Grundstück dem Käufer übertrage, dass das Grundstück sui iuris sei, und dass der Käufer das Recht erwerben solle, zum habere etc., donare vendere, commutare, .. in perpetuo vindicare u. s. w.; ohne dass irgendwie die Absicht, dem Verkäufer damit eine ausserordentliche Verpflichtung aufzuerlegen, durchblickte. Noch mehr aber muss für den heutigen Verkehr behauptet werden, dass derjenige, welcher eine Sache sich versprechen lässt, gleichviel ob er sie erkauft oder eintauscht, in beiden Fällen die gleiche Absicht hegt, nämlich das Eigenthum derselben zu erwerben, und dass es rein zufällig ist, ob die Parteien bei dem Geschäft die Ausdrücke „übertragen", „überlassen" oder „übereignen" gebrauchen.

Aus solchen Gründen ist denn nun auch schon längst in der Deutschen Praxis und Litteratur die Tendenz hervorgetreten, die Verpflichtung des Verkäufers auf die Gewährung des Eigenthums an der Kaufsache zu erstrecken.

Nach dem Rechte der decisiones electorales saxonicae vom Jahre 1661 (dec. LXI)[2] gieng das Eigenthum an gekauften Grundstücken nicht schon durch Uebergabe, sondern erst durch Lehnsauflassung über. In Folge dessen ist eine Klage des Käufers auf diese

---

1) Spangenberg tab. neg. sol. p. 236. 247. 256 etc.
2) Bei Weiske Quellen des gem. sächs. Rechts. Leipz. 1846. S. 221.

letztere stets unbedenklich zugelassen worden[1], und nicht minder nach dem späteren Gesetz über die Grund- und Hypothekenbücher vom 6. November 1843 eine Klage auf Beseitigung der Hindernisse, welche der Eintragung des Käufers als Eigenthümers in das Grundbuch entgegenstanden.[2]

Dessgleichen ist in der Litteratur immer wieder bei einzelnen die Ansicht aufgetaucht, dass der Kauf de dominio rei pro certo pretio alteri tradendo geschlossen werde. Diess haben, abgesehn von mehreren Aelteren (vgl. Glück Erläut. XVI S. 7) zuletzt Hellfeld und Westphal[3] gelehrt, aber auch neuestens wieder haben R. Schneider, Keller, Ziebarth u. a. m.[4] „für unsere Zeit" die Verpflichtung des Verkäufers zur „Uebertragung des wirklichen Eigenthums" als unmittelbare Folge des Kaufs behauptet.

Endlich sind auch fast alle neueren Gesetzbücher bez. Entwürfe mehr oder minder entschieden zu einer dahin zielenden Bestimmung fortgeschritten.

---

1) Dec. I vom Jahre 1746 und zu derselben H. G. Bauer, die churfürstl. sächs. Decisionen v. 1746 Leipz. 1794 §. 8. „Da jeder, der etwas verkauft, .. zu Vollziehung der Eigenthumsübertragung verbunden ist, so muss des Käufers .. Gesuch wider den Veräussernden, dass er zu seinen Gunsten die Lehn auflasse .. gültig sein, und der Nachtheil, den er ausserdem, wie in Vorstehendem erwiesen, zu leiden Gefahr läuft, ihn hierzu nothwendig veranlassen.

2) Vgl. R. Schneider in Zeitschr. für Rechtspflege u. Verwaltung N. F. XII. S. 522.

3) Hellf. Jurisprud. forens. §. 972. Westphal Lehre des gemeinen Rechts vom Kauf §. 1, worüber man freilich nach Glück „sich billig wundern muss."

4) R. Schneider a. a. O. Keller Pandekten §. 330. Ziebarth Real-Exekution u. Obligation §. 17 S. 194. Auch O. Scholz diss. inaug: utrum venditor ex iure Romano ad dominium transferendum obligatus fuerit nec ne Berol. 1869. Dieser letztere nimmt aber einen Entwickelungsgang des römischen Rechts an, der dem hier vertheidigten gerade entgegengesetzt ist: nämlich venditorem ab initio ad dandum fuisse obligatum, sed ius posterioris temporis ab hac regula aliquo modo recessisse; p. 15. 74.

Z. B. Preuss. Allg. Landr. I. 11 §. 1. Das Kaufgeschäft ist ein Vertrag, wodurch der eine Contrahent zur Abtretung des Eigenthums einer Sache . . sich verpflichtet vgl. §§. 19. 125—126. 135. —

Privatrechtl. Gesetzbuch für den Kanton Zürich §. 1383: Durch den Kaufvertrag verpflichtet sich der Eine, der Verkäufer, das Eigenthum an einer Sache oder ein andres Vermögensrecht z. B. eine Forderung, auf den Andern, den Käufer, zu übertragen u. s. w.

§. 1398 Der Verkäufer ist verbunden, die verkaufte Sache . . in das Eigenthum und den Besitz des Käufers zu übertragen u. s. w.

Zu beiden §§. vgl. Bluntschli's Erläuterungen III S. 361. 374.

Entwurf eines bürgerl. Gesetzbuchs für das Grossherzogthum Hessen Abth.IV Buch 2.

Art. 1. Der Kaufvertrag ist die Uebereinkunft, wodurch Jemand (der Verkäufer) eine Sache oder ein Recht einem Andern (dem Käufer) zu übereignen . . verspricht.

Art. 7. Der Verkäufer ist verpflichtet, den Besitz und das Eigenthum an der verkauften Sache, beziehungsweise das verkaufte Recht, auf den Käufer zu übertragen.

Ebenso der Entwurf eines bürgerlichen Gesetzbuchs für das Königreich Baiern Th. II Buch 2 Art. 264:

Der Kaufvertrag besteht in der Uebereinkunft, wodurch Jemand einem Andern das Eigenthum einer Sache oder ein anderes Recht zu übertragen . . verspricht. Vgl. dazu die Motive S. 126.[1]

Die herrschende Lehre ist durch diess alles nicht erschüttert worden. Man hat sogar im Gegentheil die Beschränkung der Haftung auf blosses tradere und evictionem praestare für das heutige Recht vom Kauf

---

1) Abgedruckt bei Gruchot, Beiträge zur Erläuterung des preuss. Rechts IX S. 74.

auch auf den Tausch ausdehnen wollen, weil diess „der individuellen Bedeutung der Waare entsprechender sei."[1] Und andre sehn in der Nichthaftung des Verkäufers für Eigenthum wenigstens eine Begünstigung des Waarenumlaufs im Handel und Wandel.[2] Allein man wird gerade umgekehrt sagen müssen, dass der Verkehr eine Sicherheit des Käufers, für sein Geld Eigenthum zu erwerben, dringend fordert.

Aus diesem Gedanken sind ja die bekannten Bestimmungen des Preuss. Allg. Landrechts I. 15 §. 42 ff., des Deutschen Handelsgesetzbuchs art. 306[3] und des code civil art. 2279[4] hervorgegangen, nach denen der Käufer unter gewissen Voraussetzungen sogar dann Eigenthum erwirbt, wenn der Verkäufer es nicht hatte. Wo nun so weitgehende Bestimmungen nicht gelten, wird man doch wenigstens eine Forderung des Käufers auf Eigenthumsgewährung als durch das Interesse des Verkehrs geboten anerkennen müssen.

Auf dem Wege zur prinzipiellen Aufstellung einer solchen waren auch schon die Römer, wenn sie in den zahlreichen oben zusammengestellten Aussprüchen dem Käufer eine actio emti gaben auf quanti eius interest rem venditoris fuisse. Von der actio auctoritatis an durch das Stadium der stipulatio duplae hindurch bis zu dieser actio emti hat sich das römische Recht stetig in der Richtung auf eine Stärkung der Rechte des Käufers entwickelt. Wenn also gleichwohl in den Pandekten und dem Codex sich noch allgemeine Sätze des Inhalts finden, dass der Verkäufer die Sache nicht in das Eigenthum des Käufers zu bringen schuldig sei, so sind diese vom Standpunkt des älteren Prinzips, das

---

[1] So v. d. Pfordten Abhandlungen aus dem Pandektenrecht S. 294, vergl. 249 ff. Auch Arndts Lehrb. §. 308 sagt beim Tausch nur, dass die Regeln über Entwehrung analoge Anwendung finden.

[2] Kuntze Cursus d. Inst. §. 682.

[3] Vgl. dazu Prot. S. 4605 – 4611.

[4] En fait de meubles la possession vaut titre.

die Gewährsansprüche des Käufers in der Eviktionsstipulation concentrirte, zu erklären; es lässt sich auch die in einigen derselben[1] ausgesprochene Ablehnung einer Klage auf die actio ex stipulatione duplae beschränken. Wir verfahren aber im Sinne der Römer, wenn wir die von ihnen begonnene Entwicklung zu dem Satze fortführen, dass der Käufer grundsätzlich nicht bloss das faktische, sondern auch das rechtliche Haben, d. h. das Eigenthum der Sache vom Verkäufer zu verlangen befugt ist. Diess ist natürlich nicht in dem Sinne zu nehmen, als ob bei jedem Kauf der Käufer den vollständigen Eigenthumsbeweis vom Verkäufer fordern und bis dahin das Kaufgeld zurückbehalten könnte. Daran ist ebenso wenig zu denken, wie es der herrschenden Lehre einfällt, den Käufer, der doch unbestritten nummos venditoris facere cogitur, jedes Mal zu etwas weiterem, als zur Uebergabe des Kaufgeldes zu verpflichten.[2] Vielmehr ist mit dem Recht des Käufers auf Eigenthumsgewährung nur soviel gemeint, dass derselbe ausser der Tradition auch die Erfüllung der Formen, die nach Partikularrechten besonders bei Grundstücken zur Eigenthumsübertragung oder zur Legitimation als Eigenthümer erforderlich sind, — und ausser der Eviktionsleistung in den Fällen, wo durch die Nichtverschaffung des Eigenthums sein Interesse verletzt ist, Ersatz dieses letzteren vom Verkäufer verlangen darf. In diesem Sinne aber kann und muss die Verpflichtung des Verkäufers zur Gewährung des Eigenthums für das heutige gemeine Recht behauptet werden.

---

[1] L. 57 D. de evict. 21, 2. l. 3 C. eod. 8. 45.
[2] Vgl. darüber die treffenden Bemerkungen von Ihering Jahrb. f. Dogm. IX S. 17 50.

Berichtigungen.

S. 7	Z. 11	ist statt:	Anm. 7	zu lesen	S. 3	Anm. 1.
S. 13	Z. 4	„	„	Anm. 42	„	„	S. 10	Anm. 4.
S. 14	Anm. 1	„	„	Anm. 17	„	„	S. 5	Anm. 2.
S. 15	Anm. 2	„	„	Anm. 54	„	„	S. 14	Anm. 2.
S. 16	Z. 16	„	„	Anm. 34	„	„	S. 8	Anm. 6.